AF242569

LA FRANCE

ET

L'AUTRICHE

NOTICE HISTORIQUE ET POLITIQUE

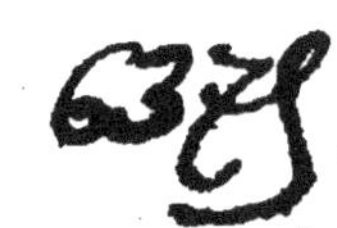

PARIS

E. DENTU, LIBRAIRE-ÉDITEUR

PALAIS-ROYAL, 17 ET 19, GALERIE D'ORLÉANS

1867

LA FRANCE

ET

L'AUTRICHE

Les premiers rapports de la France et de la maison de Habsbourg datent de loin et se présentent sous l'aspect d'une hostilité marquée qui, après s'être manifestée à diverses reprises, s'accusa sous Maximilien Ier et sous Charles-Quint.

Charles-Quint, en effet, avait conçu le projet d'une monarchie universelle, et ce fut avec raison que François Ier s'opposa à des prétentions si menaçantes pour l'Europe. Après lui, Henri IV, Richelieu, Mazarin et Louis XIV conçurent ou réalisèrent l'abaissement de la maison d'Autriche. D'ailleurs Charles-Quint lui-même nous seconda en adoptant des idées surannées, et en se faisant le représentant de la réaction, au moment même où se produisait avec la Réforme un mouvement irrésistible vers la liberté. Cette faute fut habilement exploitée par la France, qui soutint les protestants contre l'empereur, tout en les persécutant chez elle, politique qui lui resta familière.

Dans les temps modernes, la dynastie de Napoléon a attaqué l'Autriche pour des raisons analogues à celles auxquelles avait obéi l'ancienne monarchie.

Cependant, si nous remontons à 1273, nous trouvons que le premier des Habsbourg, empereur sous le nom de Rodolphe Ier, avait tracé à sa maison la ligne de conduite à suivre. Formé à l'art du gouvernement par des débuts difficiles, il fit preuve dès son avénement des vues les plus hautes et du tact le plus juste.

Abandonnant la politique désastreuse de la maison de Souabe, qui avait consisté à reconstruire l'empire romain, spécialement par l'asservissement de l'Italie, Rodolphe ne songea qu'à concentrer ses forces pour former un pouvoir central, résultant du groupement de divers États feudataires de l'empire. Il vainquit Ottocar de Bohême, victoire par laquelle il conserva à l'empire les provinces du Midi et de l'Est qui menaçaient d'en être détachées. Il ne sortit jamais de ses États.

Ses successeurs, jusqu'à Maximilien Ier, inclinèrent plutôt à consolider le pouvoir de la maison de Habsbourg qu'à régulariser par la centralisation les forces de l'empire d'Allemagne. Les plus grandes difficultés qu'eurent à surmonter les empereurs provinrent des entraves qu'apportaient à leur autorité les princes feudataires. Malgré tous ces efforts et des qualités supérieures, Maximilien lui-même ne put venir à bout de ces résistances, encore augmentées par l'esprit de la Réforme.

A Charles-Quint, qui avait donné à son fils Philippe II ses États d'Espagne et toutes les provinces dont il pouvait disposer, succédèrent en Allemagne son frère Ferdinand, puis une série de princes au-dessous de leur tâche, et sous lesquels eut lieu la guerre de Trente ans, qui détermina la dissolution de l'unité politique de l'Allemagne.

« Si nous considérons, dit Macaulay, l'Espagne vers la fin du dix-septième siècle, quel changement! » On en dirait autant de l'Autriche, que la faiblesse de Léopold avait mise à la merci de Louis XIV, et qui se mêla sans profit et sans gloire à la guerre de la succession d'Espagne. « Les empires qui branchent trop loin, ajoute Macaulay dans son langage pittoresque, sont souvent plus florissants à la suite d'un petit élagage fait à temps. Adrien agit judicieusement d'abandonner les conquêtes de Trajan, et l'Angleterre ne fut jamais si grande, si riche, si formidable aux étrangers, si absolument maîtresse de la mer, qu'après la perte de ses colonies d'Amérique. » — Paroles qui sembleraient écrites pour l'Autriche !

Au dix-huitième siècle, l'idée de reconstituer l'empire de Charles-Quint paraît s'être présentée à l'esprit de l'empereur Charles VI. Par un engagement secret, il aurait promis ses deux filles Marie-Thérèse et Marie-Anne aux deux fils du second lit de Philippe V. Sa femme et tous ses conseillers, fait remarquable, s'opposèrent énergiquement à ce projet. En réalité, Marie-Thérèse épousa François de Lorraine, mariage qui commença la maison d'Autriche-Habsbourg-Lorraine, lorsque la maison d'Autriche-Habsbourg finit en la personne de Charles VI (1740).

Malheureusement Charles VI avait laissé l'empire dans une situation déplorable. Les guerres avec les Turcs, qui n'avaient fini qu'en 1739 par le traité de Belgrade, avaient épuisé l'Autriche d'hommes et d'argent; personne n'ignore d'ailleurs qu'elle avait toujours bien mérité de l'Europe en repoussant à diverses reprises les envahissements de la Turquie, dont les armées campèrent deux fois sous les murs de Vienne assiégée.

Charles VI, au lieu de songer au rétablissement de ses finances et de son armée, s'attacha à traiter avec toutes les puissances de l'Europe, pour assurer à Marie-Thérèse l'entière possession de son héritage; c'est l'ensemble de ces traités qu'on désigne sous le nom de *Pragmatique sanction*. La Hongrie notamment s'engagea à reconnaître les droits héréditaires de la reine, qu'elle affecta d'appeler son roi : *Moriamur pro rege nostro Maria-Theresia!*

Mais, au mépris de leurs engagements et profitant de la faiblesse de l'empire, plusieurs des puissances signataires de la *Pragmatique* attaquèrent Marie - Thérèse : ce furent la

France, l'électeur de Bavière, élu empereur sous le nom de Charles VII, et la Prusse. Celle-ci fut le plus implacable ennemi de Marie-Thérèse, malgré les concessions gracieuses que la maison d'Autriche avait faites au grand-père de Frédéric II, auquel Léopold Ier avait été jusqu'à conférer le titre de roi.

Par la fermeté de son caractère, par une conduite héroïque, jointe à l'art de gagner le cœur des peuples, Marie-Thérèse triompha des coalitions étrangères. Mais tel n'est pas son seul titre à l'admiration de la postérité; elle introduisit chez elle des réformes libérales, favorisa l'instruction publique, émancipa les paysans, institua des tribunaux pour recevoir la plainte des opprimés, et favorisa les sciences et les lettres. Beccaria ne dut, dit-il, son heureuse audace qu'au gouvernement doux et éclairé sous lequel il vivait. Marie-Thérèse tenait cette tradition de son père, qui avait été le protecteur de Muratori, entre autres. Nous devons ajouter que, malgré sa haute piété, et, à l'exemple de saint Louis, Marie-Thérèse sut résister aux envahissements du clergé, et se soustraire politiquement à l'influence de Rome, de tout temps si funeste à l'Autriche. Quant au partage de la Pologne, dont la première idée revient à la Prusse, il fut imposé à Marie-Thérèse, elle ne s'y résigna qu'à la dernière extrémité; elle dit en pleurant que c'était un des plus grands crimes de l'histoire.

Joseph II, son fils, fut animé aussi des intentions les plus louables; il fonda la liberté religieuse et adoucit les corvées, se montrant en toute chose ami du peuple et des institutions libérales. Un historien français a dit de lui, avec raison, qu'il avait conçu la plupart des réformes réalisées en France par l'Assemblée constituante. Mais il éprouva le sort souvent réservé à ceux qui devancent leur époque; ses intentions furent contrecarrées, méconnues, et il en mourut de chagrin. Joseph II fut aussi le dernier des Habsbourg qui ait essayé de consolider l'autorité impériale en Allemagne; mais il avait Frédéric II pour adversaire. Léopold II, homme très-remarquable, porta encore le titre d'empereur d'Allemagne, déposé en 1804 par François II, qui fut François Ier d'Autriche.

Le Congrès de Vienne établit la Confédération germanique sur d'autres bases ; l'Autriche avait la présidence de la diète, ce dont il résultait de nombreuses difficultés. La Prusse, agrandie, ne voulut plus reconnaître la prédominance de l'Autriche ; les aspirations à l'unité allemande reparaissaient avec une force nouvelle.

Le gouvernement de Vienne ne sut pas s'accommoder au sentiment public, tandis que la Prusse s'efforçait de faire croire qu'elle réaliserait les aspirations nationales. En 1848 une révolution éclata en Allemagne et en Autriche, et fut vaincue par les efforts des gouvernements prussien et autrichien. On voulut fonder l'unité au moyen d'un parlement allemand, combinaison qui n'aboutit pas.

Ce fut vers cette époque que le prince de Schwarzenberg, au lieu de se consacrer à la restauration des forces de l'Autriche, revint en quelque sorte à la pensée de reconstituer la monarchie de Charles-Quint en fondant ce qu'on appelle l'*Empire des 70 millions*. Il signa dans cette vue le fameux concordat qui aliéna à l'Autriche les sympathies de l'Europe pour les reporter sur l'Italie, où le rêve de la monarchie universelle s'évanouit pour jamais aux champs de Solférino et de Magenta. La facilité avec laquelle l'Autriche, cédant aux sages conseils du cabinet des Tuileries, remit plus tard la Vénétie aux mains de la France prouve qu'elle avait appris à compter ses possessions italiennes parmi ses plus graves embarras.

Si la maison de Habsbourg ne persévéra pas dans la politique inaugurée par son chef, c'est que son origine était rapprochée du temps où s'était produit le rêve de la monarchie universelle ; que la plupart de ses princes, doués d'une imagination vive et d'un caractère chevaleresque, manquèrent d'esprit de suite, et enfin que les circonstances les poussèrent constamment hors de leurs frontières, surtout en prenant la forme de brillants mariages.

Maximilien épouse Marie de Bourgogne, fille de Charles le Téméraire, mariage dont il résulte pour l'Autriche une vaste adjonction de territoires, encore que Louis XI se fût emparé de vive force d'une portion notable de l'héritage du vaincu de Morat. C'est alors que passèrent à l'Autriche les Pays-Bas, dont une alliance avec le Brabant avait assuré la possession à la maison de Bourgogne.

Après la mort de Marie, Maximilien épousa une Sforza, sœur de ce Jean Galéas qu'on croit avoir été empoisonné par son oncle Ludovic-le-More. Ce qui est certain, c'est que cette alliance précipita Maximilien dans certains embarras.

Ce fut le mariage de l'archiduc Philippe avec Jeanne, infante d'Espagne, fille de Ferdinand et d'Isabelle, qui prépara la réunion de l'Espagne et de l'Autriche sous Charles-Quint, fils de Philippe, devenu roi de Castille.

Nous remarquerons enfin que ce fut encore le mariage de Marie-Thérèse avec François de Lorraine, qui fit de la Toscane une province autrichienne, puisque, d'accord avec les grandes puissances, François échangea contre le Toscane ce qu'il conservait de la Lorraine. Quant à la Vénétie, elle fut attribuée à l'Autriche en 1797 par le traité de Campo-Formio.

Néanmoins la maison de Habsbourg aura des titres sérieux devant l'histoire, par exemple son renoncement déjà signalé à cette politique des Souabe-Hohenstauffen, qui coûta la vie au dernier d'entre eux, quand le jeune Conradin fut décapité par Charles d'Anjou après la bataille de Tagliacozzo. A partir du quinzième siècle on remarque aussi chez les Habsbourg un sentiment du droit infiniment plus vif qu'on n'est porté à le croire dans la masse du public. Ce fut sous Maximilien et sur son initiative qu'eut lieu la détermination du droit public et privé, et ce prince porta la tolérance au point de compromettre l'autorité impériale. Rien de semblable à la diète de Roncaglia n'est imputable à la maison d'Autriche, alors qu'on vit les jurisconsultes d'Allemagne et d'Italie prostituer le droit aux pieds de Barberousse et épuiser l'Italie sous prétexte de régales. Considérons aussi que, malgré la sévérité des répressions auxquelles donnèrent lieu les révoltes de Milan ou les conspirations de Venise, conséquences d'une situation fausse, les provinces autrichiennes furent toujours bien traitées : ainsi Rodolphe de Habsbourg, bien loin de prolonger la tutelle du fils d'Ottocar, qui lui mettait la Bohême en main, avança pour Wenceslas l'âge de la majorité. Ce ne fut pas sous la domination autrichienne que les Pays-Bas eurent tant à souffrir, mais sous la duchesse de Parme, sœur naturelle de Philippe II.

La maison de Habsbourg a aussi produit de fortes individualités, Rodolphe Ier, Marie-Thérèse, Joseph II, Léopold II et François-Joseph, dont la fermeté dans les revers commande l'admiration. N'oublions pas ce Maximilien, qui vient de mourir en héros, et auquel, tandis qu'il n'était encore qu'archiduc, l'Autriche dut la réorganisation de sa flotte.

Depuis la défaite de Sadowa, la politique de l'Autriche se distingue par d'habiles évolutions ; elle est franchement entrée dans les voies libérales.

Enfin un grand fait s'est produit, l'Autriche et la France ne sont plus ennemies ; elles ont abjuré d'anciens griefs, nous n'hésitons pas à le dire, non moins amers pour nous que pour elle, et c'est de Villafranca que date la réconciliation. Ce fut Napoléon III qui fit le premier pas par une initiative bienveillante et hardie. Ainsi doit changer la politique des deux pays, ce qui n'est pas sans exemples dans l'histoire ; c'est aux hommes d'État qu'il appartient de saisir le moment et de trouver le moyen de ces modifications de la politique appelées par la modification des faits.

La Confédération germanique détruite, l'Autriche a renoncé à sa prédominance en Allemagne pour prendre son point d'appui en elle-même. Le rapprochement intervenu entre elle et la Hongrie est une opération des plus heureuses, et si la Hongrie répond aux concessions dont elle a été l'objet par une ferme adhésion à l'ordre de choses sorti du couronnement, l'avenir s'éclaire. C'est à elle, il faut qu'elle le sache bien, de modérer tout élan de patriotisme de nature à susciter les susceptibilités de l'Autriche. Si utile que puisse être la Hongrie à l'Autriche, l'Autriche l'est encore plus à la Hongrie qui n'existe et qui ne compte en Europe qu'autant qu'intimement liée à l'Autriche.

Si donc la Hongrie suscitait de nouveaux embarras à l'Autriche, l'union serait gravement compromise, et il pourrait arriver qu'à un moment donné l'Autriche ne fût plus en mesure de protéger la Hongrie contre les envahissements de la Russie et du panslavisme. L'hypothèse d'un mouvement panslaviste indépendant de la Russie ne mérite pas même d'être réfutée. La Hongrie ne doit pas oublier non plus qu'elle renferme des germes de dissension dont elle doit s'attacher à prévenir le développement. Les chefs les plus respectés du parti magyar ont établi par des manifestations publiques la nécessité de faire de larges concessions aux populations slaves dans le royaume de Hongrie, c'est-à-dire aux Croates, aux Serbes, aux Slovaques, etc., et il faut espérer qu'on se conformera à ces sages conseils, auxquels le cabinet de Vienne ne peut qu'être sympathique.

Quant aux populations roumaines, elles doivent être l'objet de ménagements particuliers, en raison de leur proximité avec les principautés danubiennes.

La Gallicie, la province polonaise la plus doucement traitée depuis le partage du royaume de Pologne, jouit d'une véritable autonomie ; elle a une administration et des écoles polonaises, un clergé national, elle n'a pas été privée de ses anciennes coutumes ; en comparant leur sort à celui de leurs frères en Posnanie et dans les provinces russes, les Polonais de la Gallicie peuvent se convaincre que dans cette province est le dernier asile de leur nationalité. Les Polonais doivent se rallier d'autant plus étroitement à l'empire d'Autriche, que la Russie cherche déjà à exploiter ses rapports de parenté avec l'élément ruthène, qui représente presque la moitié de la population de la Gallicie. Rien ne serait plus désirable que la franche réconciliation des deux éléments constituant la population de cette province.

Les Tchèques (Bohême) sont une population remuante et exaltée, et certains incidents qui se produisirent à l'exposition de Moscou, accusent chez eux des tendances panslavistes. Les Tchèques sont entourés par les Allemands, entre les mains desquels sont le commerce et la grande propriété, et il n'y a pas, croyons-nous, de véritable danger de ce côté. Le cabinet de Vienne paraît du reste incliner à satisfaire dans une mesure équitable aux demandes des Tchèques.

Dans cet état de choses, toute pensée d'unification proprement dite doit être écartée. La politique de l'Autriche consiste donc à grouper le plus fortement possible autour du trône impérial tant de populations différentes, sans tolérer les prétentions exagérées, d'où qu'elles viennent, sans blesser aucunement les susceptibilités nationales : tel est le problème.

Nous ne le croyons pas impossible à résoudre, d'abord par suite de l'antiquité de cette constitution de l'empire, ensuite par l'évidence des intérêts de chacun au maintien de la fédération ; enfin parce que François-Joseph est entré franchement dans la voie de la liberté, de la conciliation, et que les peuples sauront bientôt qu'en combattant pour lui, s'il le fallait, ils combattraient pour leur indépendance : grâce à l'activité de M. de Beust, les délégations de la diète de Pesth et du Reichsrath ont commencé à délibérer sur les affaires communes de l'empire. Ainsi la maison de Habsbourg, débarrassée de ses États parasites, se trouve ramenée par la force des choses à la politique de son fondateur, homme du plus grand mérite. N'est-ce pas l'indice d'une destinée ?

Maintenant, sans nous étendre sur la politique prussienne, nous devons en dire quelques mots.

Le parlement douanier, une des combinaisons les plus habiles de M. de Bismark, a préparé la réunion des États du Sud à la confédération des États du Nord, en y intéressant le commerce du Sud, et aussi en représentant la France comme animée de sentiments hostiles qu'elle n'a jamais eus envers l'Allemagne, en lui prêtant à tort des projets de conquête. Alliée naturelle des États du Sud, dont elle ne peut voir qu'avec satisfaction l'indépendance et la prospérité, la France ne songe pas plus à les opprimer qu'à opprimer les Pays-Bas, la Belgique ou la Suisse. Depuis son avénement au trône, Napoléon III s'est attaché à prendre parti pour les États les moins puissants ; il n'a pas enlevé une parcelle de territoire à ses voisins, puisque, faible dédommagement d'une coûteuse campagne, l'annexion de Nice et de la Savoie a été librement consentie sans émouver l'Europe en quoi que ce fût. Le silence par lequel l'empereur des Français aurait répondu à certaines ouvertures qui lui furent faites, notamment à Biarritz, prouve qu'il entend laisser à d'autres la spécialité des agrandissements par la violence.

Parallèlement, l'Autriche a répudié toute idée de conquête ou d'oppression. Nous remarquerons en passant que, dans la question allemande, les intérêts commerciaux jouent un rôle prépondérant ; c'est un signe du temps, un excellent symptôme, un élément de paix pour l'avenir, et un puissant moyen d'action, si l'on sait l'utiliser.

A côté du parlement douanier, existent des conventions militaires conclues, depuis le traité de Prague, entre la Prusse, la Bavière, le Wurtemberg, Bade et la Hesse, conventions qui sont de véritables alliances offensives et défensives, aux termes desquelles les États du Sud, en cas de guerre, seraient tenus de mettre leurs contingents à la disposition de la Confédération des États du Nord. A Carlsruhe, Stuttgard et Munich, il y a eu des plénipotentiaires prussiens chargés d'organiser les armées à la prussienne, organisation complétement terminée dans tous les États de la Confédération du Nord. Partout les bataillons de la landwehr sont formés, et généralement commandés par des officiers prussiens.

Écartant toute idée d'une ingérence intempestive de la France et de l'Autriche en Allemagne, nous nous demanderons si ces deux puissances ne sont pas également intéressées à prendre en sérieuse considération les conséquences possibles de ce nouvel établissement politique. A un moment donné, il peut mettre les baïonnettes prussiennes pour ainsi dire sous les murs de Strasbourg, et il serait à craindre que, dans un mouvement, les Allemands de l'Autriche ne fussent portés à s'en détacher pour s'annexer à la Prusse. Alors que les communications de la diplomatie prussienne nous dévoilent les manœuvres de sa propagande en Hongrie; quand M. de Werther affecte de nous parler d'un parti prussien à Pesth et de la reconnaissance due par la Hongrie à la Prusse, on ne peut douter que cette propagande n'ait lieu aussi dans les provinces allemandes.

Si nous ne disons rien de la question du Slesvig, c'est qu'elle n'a qu'un intérêt secondaire pour l'Autriche et pour la France, en même temps que la Russie se dit décidée à ne point suivre la Prusse dans la voie de l'illégalité.

L'identité des intérêts autrichiens et des intérêts français est tout entière sur le Meïn pour les affaires d'Allemagne; il importe également à l'Autriche et à la France que, conformément au traité de Prague, la Prusse ne passe pas le Meïn. A ce prix la paix est assurée.

En Orient, la France et l'Autriche ont des intérêts analogues aussi bien que l'Angleterre. La visite du sultan à Paris, à Londres et à Vienne, a un sens facile à saisir, et le maintien de l'empire turc sera d'autant plus désirable et d'autant plus facile que la Porte adoptera dés mesures plus efficaces pour la sécurité des chrétiens d'Orient. Nous croyons que des engagements formels ont été pris récemment à ce sujet; il faut en attendre l'effet avec patience. Un homme éminent, trop tôt ravi à la France et à sa famille, M. Thouvenel, écrivait dans une dépêche officielle : « Ce qui me paraît essentiel, c'est de ne demander à la Turquie que ce qu'elle peut donner; c'est de compter un peu avec ses mœurs, ses traditions, même ses préjugés; c'est enfin de ne pas prétendre lui inculquer de prime-saut des principes dont le triomphe et l'application dans des pays plus civilisés et doués d'une plus grande force de résistance n'ont été que l'effet du temps, de la marche progressive des idées, ou les conséquences de longues et sanglantes révolutions. » Revenant plus tard sur le même sujet, ajoute le *Moniteur universel*, auquel nous empruntons cette citation, M. Thouvenel émet cette vue très-juste qu'en Turquie, comme partout ailleurs, une réforme morale ne peut venir que d'une réforme économique, et à laquelle il engageait le gouvernement ottoman à procéder sans retard, tant par la modification des lois qui régissent la propriété, que par la création des chemins de fer et le développement du commerce. Aux yeux de l'habile diplomate, la consolidation de l'empire ottoman ne pouvait être séparée du progrès des races chrétiennes. Il servit activement l'idée de la réunion des principautés danubiennes sous un prince étranger, combinaison qui commença par soulever en Europe la plus vive opposition.

Mais, le cabinet des Tuileries persistant avec raison dans cette politique, il pourrait se produire prochainement certaines éventualités où la coopération de l'Autriche en Orient serait fort à désirer pour les deux pays : là, non moins que partout ailleurs, on pourrait espérer les meilleurs résultats du concours de l'Autriche et de la France. Celui de l'Angleterre leur sera sans doute assuré, et, s'il leur manquait, leur union deviendrait d'autant plus désirable. En effet, s'il est deux puissances en Europe sérieusement intéressées à tenir tête à la Russie, ce sont la France et l'Autriche : pour celle-ci une alliance avec la Russie ne serait qu'une dangereuse chimère. Au prix de quelles concessions devrait-elle effacer le grief de sa neutralité pendant la guerre de Crimée! Vienne n'est pas mieux vue à Pétersbourg qu'à Berlin.

En France et en Autriche, un même courant entraîne les deux souverains vers la liberté, dont l'élan seul répondrait à la gravité des circonstances, si elles s'aggravaient encore.

Déjà l'idée de l'entrevue de Salzbourg a causé une vive impression ; elle a mis en lumière la possibilité de régler les questions à l'amiable, l'Autriche servant de point d'appui à cette politique pacifique.

Devant ces vastes idées, combien les appréhensions de la Prusse et les fantaisies diplomatiques de M. de Werther paraissent mesquines ! Tout le monde conçoit à présent la nécessité d'une Autriche libre et forte pour l'équilibre européen. L'alliance autrichienne se fera-t-elle ? nous l'ignorons et nous ne savons même s'il en est question, puisque l'entrevue de Salzbourg a un caractère exclusivement privé. Mais cette alliance a cessé d'être impopulaire en France, tandis qu'en se tournant vers une alliance avec la Russie, la Prusse a contristé tous les patriotes allemands.

En tout cas, les relations amicales qui existaient déjà entre les deux pays sont en train de se resserrer encore, et quand l'Autriche rendra à la France la visite de Salzbourg, l'accueil que feront les Français à LL. MM. l'Empereur François-Joseph et l'Impératrice Élisabeth répondra certainement à celui qui attend en Autriche LL. MM. l'Empereur Napoléon III et l'Impératrice Eugénie. Après tant de vicissitudes, voir s'avancer côte à côte ces deux augustes familles, rapprochées par le sentiment des intérêts supérieurs qui leur sont confiés, sera un grand spectacle fait pour frapper les esprits, tout en les rassurant.

Paris. — Impr. de A. Lainé et J. Havard, rue des Saints-Pères, 19.